CONSTITUTION

RÉPUBLICAINE

PAR UN PENSEUR.

PARIS

LIBRAIRIE DE PLON FRÈRES

RUE DE VAUGIRARD, 36

—

1848

PARIS. — IMPRIMÉ PAR PLON FRÈRES, RUE DE VAUGIRARD, 36.

CONSTITUTION
RÉPUBLICAINE,

PAR UN PENSEUR.

INTRODUCTION.

Les législateurs qui acceptent la mission de constituer un gouvernement destiné à protéger tous les intérêts, sans privilége pour aucun, ne sauraient rechercher avec un zèle trop scrupuleux les véritables principes qui doivent servir de base à un pareil gouvernement.

Jusqu'ici ces principes ont été méconnus, parce que nous avons accepté telles quelles, sauf quelques modifications moins importantes qu'on ne le pense, les notions de gouvernement qui nous ont été transmises, de proche en proche, par nos aïeux.

Or, ces premières notions ont été celles de peuples dont l'origine remonte aux temps de la barbarie, et qui ont vécu pendant une longue suite de siècles sous l'empire de principes despotiques appliqués à toutes les formes de gouvernement.

Cette servitude prolongée ayant entravé le libre essor des pensées généreuses et libérales, et brouillé toutes les idées du bien et du mal, du juste et de l'injuste, les peuples encore peu éclairés et imbus de fausses idées sociales ont toujours été hors d'état de profiter de leurs diverses révolutions pour apporter à leurs institutions les changements que réclamaient la sagesse, la justice et la philanthropie.

Nos tourmentes politiques ont souvent amené des hommes nouveaux au pouvoir, mais rarement de nouvelles idées qui aient été mises sincèrement en pratique.

L'ambition et le principe égoïste de l'ôte-toi de là que je m'y mette ont toujours été les véritables promoteurs, les agents les plus actifs des changements de régime que la France a tour à tour subis. Les réformes réclamées n'en ont été que le prétexte. Celles accordées après l'événement en ont été la conséquence obligée, mais seulement lorsqu'elles se sont offertes à nos maîtres comme un moyen de se maintenir au pouvoir. Jamais le désir de donner à *chacun* toute la part de liberté à laquelle nous avons tous légitimement droit n'a été la préoccupation dominante des gouvernants.

Les nombreuses attaques auxquelles ils sont en butte dès qu'ils arrivent à la puissance ne leur permettent guère de songer à autre chose qu'à se défendre, et si la nation a retiré peu à peu quelques avantages de ces luttes continuelles, c'est que les concessions qui lui ont été faites entraient accessoirement dans le plan de la défense, et nullement parce que le gouvernement prenait un souci réel des intérêts du pays.

Que cette expérience répétée nous serve enfin de

leçon, et puisque la Providence a replacé le pouvoir souverain entre les mains de la nation, qu'elle en profite pour s'en assurer à jamais la possession.

Ce but désirable ne peut être atteint qu'en intéressant tous les citoyens à la conservation du nouvel ordre de choses, et nous ne pouvons les y intéresser qu'en leur assurant à tous la liberté la plus étendue dont il soit possible de jouir au sein d'une société civilisée.

Le pouvoir seul des mandataires de la nation doit être enchaîné de telle sorte qu'aucun ne puisse jamais attenter aux libertés publiques.

Ne nous laissons pas séduire par la confiance que peuvent inspirer aujourd'hui tels ou tels hommes. Nous ignorons quels sont ceux qui pourront un jour les remplacer. Agissons donc prudemment : agissons comme si nous avions tout à craindre de leur ambition.

Ne concédons aucune partie du pouvoir sans nous ménager des moyens certains de le recouvrer, et exerçons un incessant contrôle sur tous les actes des hommes placés à la tête du gouvernement, ainsi que sur leurs fonctionnaires.

Surtout qu'aucune partie des deniers publics ne puisse être employée sans qu'il en soit rendu un compte rigoureux à la nation, avec pièces et mémoires à l'appui. Point de dépenses secrètes qui ne soient soumises, au moins à huis-clos, à l'Assemblée nationale. Point de dépenses qui soient abandonnées à la volonté arbitraire des mandataires du pouvoir exécutif.

Enlevons aussi aux chefs du gouvernement tout moyen de corruption, en leur ôtant la faculté dange-

reuse de nommer aux fonctions publiques. Que partout
le système de l'élection prévale, ou bien que les emplois
qui ne peuvent être du ressort des électeurs soient
soumis à des conditions de concours ou d'ancienneté,
auxquelles tous les postulants devront se soumettre.
Que la faveur d'un haut fonctionnaire soit plutôt un
motif d'exclusion qu'un moyen d'avancement. Alors,
mais seulement alors, la France pourra espérer de con-
server une souveraineté qui lui a si souvent échappé
des mains, et qu'elle n'a pu recouvrer qu'en la rache-
tant chaque fois de son sang.

Mais si, sourde aux avis du passé, la France trop con-
fiante abandonne encore une partie de sa puissance, en
acceptant quelque constitution borgne, qui ne serait
pas une complète consécration de la souveraineté nationale, qu'elle se prépare à subir bientôt la loi de
nouveaux maîtres et à devenir la risée de l'Europe
entière !

La seule constitution qui puisse garantir désormais
la tranquillité du pays est celle qui sera l'expression la
plus exacte et la plus sincère d'une véritable république,
c'est-à-dire du gouvernement de tous par tous.

Or, ce n'est pas en consultant le répertoire incomplet
et confus des droits de l'homme, ni en compulsant de
vieux ouvrages, ni en décalquant des constitutions qui
ne s'adaptent qu'imparfaitement au caractère turbulent,
inquiet et changeant des Français, que nous arriverons
à édifier une constitution solide et radicalement répu-
blicaine, mais d'abord en recherchant au fond de notre
conscience les principes d'éternelle justice que Dieu a

gravés dans le cœur de tous les hommes de bien, et qui doivent régir toutes les sociétés humaines. Ensuite, en prenant en considération le caractère, les instincts et l'organisation de l'homme qui le portent sans cesse soit à se soustraire au pouvoir établi, soit à en abuser à son profit et à celui de ses proches.

La connaissance des véritables principes de la justice nous mettra à même de créer des institutions qui garantiront à chacun la libre et entière jouissance de ses droits.

La connaissance du cœur humain nous fera prendre toutes les dispositions nécessaires pour assurer l'exécution des lois rendues dans l'intérêt général, et pour mettre les libertés publiques à l'abri de tout attentat de la part des hommes qui seront investis des hautes charges de l'État.

Mais cela ne suffit pas encore : il faut aussi découvrir un mécanisme de gouvernement qui puisse s'appliquer à l'exercice de la souveraineté nationale, et qui soit combiné de telle sorte que nul ne puisse se soustraire à l'action de la loi, ni en franchir les limites.

Or, le moyen d'arriver à ce but, c'est de se rendre bien compte de ce que doit se proposer un gouvernement essentiellement sage et juste, et nous le trouverons en remontant par la pensée à la cause première qui fait du gouvernement une nécessité absolue pour tous les hommes réunis en société.

L'homme, à l'état sauvage, jouit d'une liberté qui n'est en quelque sorte limitée que par les obstacles que lui oppose la nature; mais la liberté dont jouit l'homme civilisé est limitée par les exigences de la société. Il ne peut faire tout ce qui lui plaît sans reconnaître à tous le même droit. Mais, comme il résulterait d'une pareille licence des maux incalculables, les hommes s'interdisent l'exercice de tous les droits qu'ils ne peuvent reconnaître à tous. Il a donc fallu pour cela se soumettre au pacte social qui a déterminé, du consentement de tous, ce qui est défendu à chacun, comme aussi ce que chacun est tenu de faire pour le service de la société. En effet, l'homme civilisé n'est pas seulement obligé de renoncer, au profit de tous, à l'exercice d'une partie de ses droits naturels, mais il est encore obligé de remplir des devoirs qui exigent de sa part le sacrifice d'une partie de son temps et de sa fortune.

Or, ne pas pouvoir faire tout ce que l'on souhaiterait de faire et tout ce que l'on ferait *si on n'en était empêché,* et, de plus, être obligé de faire ce dont on se dispenserait *si on n'y était pas contraint,* ce n'est pas être libre, c'est, au contraire, vivre dans une dépendance dont chacun cherche secrètement à s'affranchir, au mépris du pacte social.

Il n'en est pas moins vrai qu'abstraction faite des droits auxquels chacun renonce pour obtenir de tous la même concession, et à part les devoirs que chacun doit remplir, l'homme qui vit sous un gouvernement juste est, du reste, parfaitement libre, puisqu'il peut faire tout ce qui lui plaît *en tant qu'il se conforme à la loi.*

Il résulte de cet état de choses que la condition de l'homme civilisé est une condition mixte, qui n'est ni la liberté absolue, ni la dépendance absolue : l'homme est libre relativement aux droits dont la société lui laisse la jouissance, mais il vit dans la dépendance relativement aux devoirs qu'il doit remplir et aux droits dont il est obligé de faire le sacrifice à la société. Donc, toute société représente deux intérêts distincts :

1° L'intérêt particulier de chaque individu, qui cherche à concéder le moins possible de ses droits en faveur de la société et à éluder l'accomplissement de ses obligations envers elle ;

2° L'intérêt général, qui se compose des concessions faites par chacun au profit de tous, mais qui, confié à la garde de quelques hommes, sert de prétexte aux gens avides ou ambitieux pour empiéter sur l'intérêt particulier.

Or, le but d'un bon gouvernement est d'équilibrer ces deux intérêts, en les maintenant dans les limites fixées par la loi et en assurant à chacun d'eux la part qui lui est faite par le pacte social.

Pour atteindre ce but, il faut que le législateur mette toujours en présence le mandataire chargé de défendre les intérêts de tous et le mandataire chargé de défendre l'intérêt individuel. Confier ces mandats opposés en une seule et même main, c'est compromettre l'un ou l'autre de ces intérêts.

Mais, pour que ma pensée soit bien comprise, et que nous ne tombions pas dans une confusion d'idées à l'égard de l'intérêt individuel ou particulier, il est nécessaire de faire observer que cet intérêt n'est pas seulement celui de chaque individu pris isolément, mais celui de chaque agrégation d'individus, ayant en commun un intérêt particulier indépendant des intérêts généraux de la société dont cette agrégation n'est qu'une fraction.

Ainsi, pour prendre la chose d'un peu haut, l'intérêt général de la nation française est celui de tous les Français réunis, et cependant cet intérêt général devient un intérêt particulier vis-à-vis des intérêts généraux de toutes les nations de l'Europe et des autres parties du monde. Chaque nation administre ses intérêts particuliers comme elle l'entend, sans permettre à aucun étranger de s'en mêler. Cependant toutes les nations ont des intérêts généraux qui leur sont communs et sur lesquels repose le droit des gens, que chacune est intéressée à faire respecter. Les nations forment ensemble une grande république qui, j'espère, se soumettra un jour à une constitution universelle qui réglera d'une manière plus intime, plus solide et plus libérale, les rapports des peuples entre eux.

La France est également une république divisée en circonscriptions administratives, dont les habitants ont des intérêts particuliers à leur localité, et des intérêts généraux communs à tous les habitants de la France. Chacune de ces circonscriptions représente à son tour un intérêt général vis-à-vis des intérêts particuliers de chaque arrondissement dont elle se compose. Il en est de même à l'égard des intérêts particuliers de chaque arrondissement vis-à-vis des cantons, et de chaque canton vis-à-vis des communes.

Pour être juste envers tous, et pour ne pas refuser aux individus réunis un droit reconnu aux individus isolés, il faut que chaque communauté qui a à administrer des intérêts privés, indépendants des intérêts généraux du département et de la France; il faut, dis-je, que cette communauté ait le droit de gérer ses affaires *particulières* comme elle l'entend, sans avoir besoin de solliciter la sanction d'une autorité supérieure, pourvu, bien entendu, qu'il ne soit porté par elle aucune atteinte ni aux ordonnances ou règlements de la division administrative dont elle dépend, ni aux lois générales de l'État.

Si ce droit n'était pas acquis à chaque communauté, la liberté individuelle serait comprimée par un injuste abus du pouvoir administratif, et le régime républicain serait déjà faussé dans son principe le plus élémentaire.

Or, comme j'ai l'espoir que l'Assemblée nationale accueillera avec empressement toutes les dispositions qui tendront à donner à notre nouveau régime le caractère d'une véritable république, j'ai lieu de penser que les idées que je viens de développer seront prises en considération, et que nos départements seront désormais affranchis de toute intervention de l'administration centrale dans leurs affaires particulières.

C'est sous l'impression de cette pensée, que je mûris depuis longtemps, que je me suis décidé un peu tardivement à formuler une constitution basée sur le principe général de la liberté individuelle comprise dans sa plus large acception, et j'ai combiné cette constitution de telle sorte que l'intérêt particulier et l'intérêt général sont toujours représentés, tant auprès des hauts pouvoirs de l'État qu'auprès des autorités inférieures. De plus, je me suis attaché à réaliser à chaque pas le principe du gouvernement de *tous pour tous*, en recourant constamment aux élections pour la nomination des mandataires chargés des fonctions administratives et autres.

Je n'ai cependant pas la prétention d'offrir ici une constitution complète dans ses détails. Je laisse, au contraire, beaucoup de points indécis, soit parce que j'ai manqué du temps nécessaire pour les développer, soit parce qu'ils m'ont paru soulever des questions qui ne pouvaient être résolues qu'après une mûre discussion de l'assemblée nationale.

Toutefois je pense que les principes généraux qui servent de base à mon système pourront être utiles comme premières données, et j'ai l'espoir que je n'aurai pas entrepris un travail tout à fait inutile, quoique je ne puisse le publier qu'à l'état d'ébauche.

CONSTITUTION RÉPUBLICAINE.

BASES ET PRINCIPES D'UNE RÉPUBLIQUE.

1. Une bonne et véritable République doit être le gouvernement de tous par tous (1), c'est-à-dire le gouvernement d'une nation (2) par elle-même.

2. Dès lors la souveraineté de la nation doit se manifester, ou son influence se faire sentir, dans tous les actes du gouvernement, directement ou indirectement, mais toujours le plus directement possible (3).

(1) C'est sur quoi tout le monde est d'accord; mais c'est aussi ce que les gens qui se disent les plus ardents partisans de la République oublient lorsqu'ils prêchent l'exclusion et la désunion.

Espérons du moins qu'une fois la République sanctionnée et irrévocablement constituée par les votes de l'Assemblée nationale, les craintes d'une réaction étant dissipées, nous ne nous priverons pas du concours des hommes éclairés qui ont donné au pays des gages certains de leur intelligent patriotisme sous le régime déchu.

(2) J'éviterai toujours de me servir du mot peuple quand je voudrai parler de la nation tout entière.

Le mot peuple a deux acceptions différentes et prête à l'équivoque. L'équivoque est la pire des choses en matières législatives. D'après l'acception la plus usuelle du mot, *le* peuple n'est qu'une fraction considérable d'*un* peuple. Un gouvernement républicain peut être un gouvernement populaire, lorsqu'il plaît au peuple, mais nullement parce que l'autorité souveraine est entre les seules mains du peuple; car, dans ce dernier cas, le gouvernement n'est pas *une République*, mais une oligarchie, ou plutôt une polycratie populaire, c'est-à-dire un gouvernement démocratique *qui n'est pas celui de tous par tous.*

(3) C'est-à-dire que *toutes* nos institutions gouvernementales doivent être une consécration générale et complète du principe de la souveraineté nationale. Nous devons donc repousser toutes les combinaisons législatives ou administratives qui, dans leur ensemble ou

3. Un gouvernement républicain doit en principe garantir à chacun toute la liberté dont chacun peut jouir sans attenter à la liberté d'autrui, et sans attenter par conséquent aux libertés publiques.

Donc, chaque citoyen, chaque famille, chaque commune, chaque canton, chaque arrondissement et chaque département, considérés isolément, le premier comme individu simple, les autres comme individus complexes, doivent jouir, chacun en ce qui concerne ses intérêts *particuliers*, de toute la liberté et de toute l'indépendance compatibles avec l'ordre et le service publics et l'obéissance aux lois (4).

4. Mais en même temps que la République garantit à chacun sa liberté individuelle, elle doit aussi assurer le maintien et le respect des libertés publiques.

5. Elle doit favoriser de tout son pouvoir tout ce qui

dans leurs détails, tendraient à mettre dans les mains d'un seul homme ou de quelques hommes une autorité qui ne serait pas soumise au contrôle de la nation, ou qu'elle ne pourrait pas toujours révoquer dans des cas donnés.

(4) Il tombe en effet sous le sens que, si nous admettons en principe que chaque citoyen doit être libre de ses actions *en tant qu'il se conforme à la loi*, on ne peut priver de ce droit les citoyens qui se réunissent en société et qui ont des intérêts particuliers à administrer.

C'est toujours le même principe de liberté que la République consacre en respectant la libre gestion de l'intérêt privé partout où il se rencontre.

Par exemple, qu'un canton veuille faire construire un marché, une église, un abattoir, établir un chemin vicinal, etc., et qu'il plaise aux habitants de ce canton de s'imposer extraordinairement pour faire face à ces dépenses, de quel droit l'administration centrale s'y opposerait-elle? L'intervention du pouvoir national doit se borner à veiller à ce que l'administration cantonale ne fasse rien sans se conformer aux lois, règlements et ordonnances applicables aux cas dont il pourra s'agir.

peut contribuer à accroître la prospérité du pays, le bien-être des classes pauvres ou peu aisées (5), le développement de la morale et de l'instruction. Elle doit encourager, stimuler la bienfaisance par des distinctions qui flattent la vanité de l'homme (6). Elle doit enfin protéger le mérite, lui tendre constamment la main et lui laisser un libre accès à tous les emplois, à tous les honneurs, en rendant impossible la concurrence du népotisme.

DE L'EXERCICE DE LA SOUVERAINETÉ NATIONALE.

6. Les citoyens d'un État aussi considérable que la France ne pouvant tous avoir une part active et immédiate dans l'administration des affaires du pays, la nation exerce son autorité par des mandataires de son choix.

Des électeurs, représentant la nation tout entière,

(5) Je ne m'explique pas la réprobation dont on veut frapper le mot *classe*, qui désigne une distinction qui existera aussi longtemps que les sociétés humaines. Il y aura toujours la classe des riches et la classe des travailleurs, la classe industrielle ou commerçante et la classe financière, la classe bourgeoise et la classe militaire, etc. Vous aurez beau bannir le mot, la chose subsistera toujours. Mais qu'importe donc, s'il n'y a plus de classe privilégiée devant la loi?

(6) Dieu n'a rien fait en vain, et les sociétés humaines présentent dans leur ensemble l'expression générale des divers éléments dont elles se composent. Elles offrent au législateur habile maintes ressources pour obtenir le bien qu'il se propose. La vanité humaine est un des plus puissants leviers qu'il puisse employer, et, loin de songer à affaiblir ce sentiment dans le cœur des hommes, le législateur à la hauteur de sa mission doit chercher à l'utiliser et à l'ennoblir en lui donnant une direction profitable à la société.

Il n'est pas jusqu'au crime dont nous ne devions tirer parti (tant que nous n'aurons pu le détruire) en le faisant servir au soulagement des misères humaines. Si j'ai la satisfaction de voir mes idées bien accueillies du public, je pourrai développer dans un second travail ce que je ne fais qu'indiquer ici.

nomment des délégués chargés à leur tour de représenter la nation aux assemblées législatives (6).

7. Tous les citoyens français majeurs que la loi n'a pas frappés d'incapacité civique doivent être électeurs, c'est-à-dire qu'ils *doivent* tous donner leur voix à l'élection directe ou indirecte des délégués chargés de représenter la nation aux assemblées législatives (7). Ils le *doivent*, non pas seulement parce qu'ils en ont le droit, mais parce que c'est un devoir auquel aucun citoyen ne

(6) Il ne me semble ni logique ni naturel que le nombre des délégués doive simplement être en une certaine raison du nombre des habitants; car, par exemple, si sur une population de 2,000,000 d'âmes il s'en trouve 1,200,000 qui aient un intérêt à peu près commun en raison de leur genre d'industrie ou par toute autre considération de position sociale, et 800,000 âmes qui représentent vingt-cinq intérêts différents, cette population de 2,000,000 n'ayant le droit d'envoyer que cinquante députés à l'Assemblée (à raison de 1 pour 40,000), l'intérêt commun aux 1,200,000 âmes sera représenté par trente députés, tandis qu'il n'y aura pas un député pour chacun des vingt-cinq autres intérêts. Cela n'est pas équitable. Les membres de l'Assemblée législative constituante devront donc appeler toute leur attention sur ce point, malheureusement très-compliqué en lui-même.

Les inconvénients qu'auront présentés les élections de 1848 seront une première expérience qui pourra conduire à de sages modifications dans le mode d'élection.

Peut-être le mécanisme de gouvernement que j'indique facilitera-t-il les moyens d'arriver à une représentation plus exacte et plus complète, dans nos assemblées, de tous les intérêts de la France.

(7) Je suis fort incliné à penser que l'élection à plusieurs degrés offre plus de garantie que l'élection directe; car, même en adoptant ce dernier mode, il y a des centaines de milliers de citoyens qui ne votent que sous l'inspiration de quelques-uns de leurs concitoyens, ce qui équivaut à une élection indirecte irrégulière.

Espérons que la chambre prendra son temps pour voter en détail les dispositions législatives relatives aux élections, afin de s'entourer d'abord de tous les renseignements, de toutes les lumières que les esprits compétents pourront lui fournir sur cette importante question.

peut manquer, *sous peine d'une forte amende*, que l'Assemblée aura à fixer, en votant les divers articles de la loi sur les élections.

8. Les délégués élus par les électeurs se réunissent en assemblée générale (8) : 1ᵒ pour proposer, discuter et voter les lois qui doivent régir le pays, et 2ᵒ pour assurer par de vigoureuses et sages dispositions l'exécution de ces lois dans toute l'étendue de la République.

9. Les lois rendues par les délégués de la nation deviennent l'expression de sa volonté suprême, et résument en elles la souveraineté nationale à laquelle tous, sans exception, doivent être soumis.

(8) L'Assemblée législative constituante examinera sans doute s'il n'est pas convenable de diviser la représentation nationale en deux chambres ; mais j'espère qu'elle repoussera cette division plus dangereuse qu'utile. Il rentre dans l'esprit de notre époque (en France du moins) de supprimer tout ce qui tend à établir une ligne de démarcation politique entre les diverses classes de la société.

Tous les intérêts doivent être représentés à la chambre. Chacun apporte son vote dans une urne commune. Dès lors je ne vois aucun avantage à ce que les diverses opinions soient ostensiblement divisées en deux camps, dont l'un ne manquerait pas de s'attirer la haine du peuple s'il manifestait quelque opposition aux idées plus avancées de l'autre chambre.

Mais si la division de l'Assemblée en deux chambres est repoussée, il est à mes yeux indispensable que les projets de loi d'un haut intérêt public, qui ne seront pas adoptés à une majorité formant au moins les trois quarts de la chambre, soient renvoyés à une autre session ou remis à un ordre du jour éloigné pour être soumis à une nouvelle discussion. Si alors la loi est de nouveau adoptée, même à la simple majorité, l'Assemblée pourra autoriser sa promulgation sans avoir à se reprocher une trop grande précipitation dans sa décision.

Par cette disposition réglementaire, c'est la nation elle-même qui oppose son *veto* suspensif en déterminant à l'avance dans quel cas il doit être appliqué.

DU POUVOIR EXÉCUTIF.

10. Après avoir constitué la République et l'avoir placée sous la sauvegarde des lois qui devront régir le pays, les délégués de la nation auront à s'occuper immédiatement de l'organisation du pouvoir exécutif (9).

A cette fin, les représentants de la nation éliront, en assemblée générale, des subdélégués ministres, auxquels ils donneront ordre et pouvoir de veiller à la stricte exécution des lois dans toute la République et à la conservation de ses intérêts au dehors.

Ces ministres seront préposés aux divers départements des affaires étrangères, de l'intérieur, de la justice et des cultes, du commerce et de l'industrie, de la marine et des colonies, de la guerre et des finances.

Ils formeront ensemble le conseil des ministres, qui sera présidé par un ministre sans portefeuille, également élu par l'Assemblée nationale, et qui remplira les fonctions de président de la République (10). Il leur sera adjoint un conseil d'État dont il sera parlé plus loin.

(9) En attendant que la chambre ait pu nommer les membres du pouvoir exécutif, les ministres délégués par le gouvernement provisoire devront être maintenus dans leurs divers départements, afin que le service public ne soit pas interrompu.

Il s'entend cependant que l'Assemblée reste maîtresse de révoquer tout ministre qui, oubliant ou méconnaissant ses devoirs, chercherait à donner une fausse direction à l'administration des affaires du pays.

(10) Nous avons vu jusqu'ici la souveraineté nationale passer par degrés bien rapides — trop rapides à mon avis — des mains de tous entre les mains d'un petit nombre chargé par la nation d'instituer les lois auxquelles tous doivent obéissance.

Puis, par un suprême acte de confiance, un plus petit nombre encore s'est trouvé investi du pouvoir de faire exécuter les lois dans toute la République, pouvoir qui sera nécessairement appuyé de la force sans laquelle il serait illusoire.

ADMINISTRATION DE LA RÉPUBLIQUE.

11. Les ministres investis par l'Assemblée législative du pouvoir exécutif se feront représenter par des com-

Là commence pour la République un danger imminent, car qui possède la force de faire exécuter les lois n'est pas loin de posséder la force de les violer. De plus, nous sommes arrivés à un point où le régime républicain n'est guère séparé du régime de la royauté constitutionnelle que par l'épaisseur d'une idée, et, si nous n'y prenions garde, nous pourrions d'un instant à l'autre être débordés par tous les abus qui firent la honte et qui causèrent la perte du gouvernement déchu.

C'est surtout dans l'institution du pouvoir exécutif que le régime de la République doit différer du régime de la royauté. Sous celui-ci, la souveraineté nationale ne se manifeste, tant bien que mal, que par les élections et par les débats de la chambre législative jusqu'à la promulgation des lois exclusivement. Au delà le pouvoir lui échappe, et si la nation veut s'en ressaisir, elle ne le recouvre qu'au prix de son sang et en livrant la patrie à ces secousses terribles qui ébranlent les sociétés jusque dans leurs fondations.

Sous le régime républicain, la nation ne doit jamais se démettre de son pouvoir, sous peine de faire courir à ses libertés les plus grands dangers.

Il faut donc se hâter de détourner ces dangers en ramenant entre les mains de la nation, par l'élection, le pouvoir que l'élection en a presque fait sortir. La forme emblématique du gouvernement républicain est un triangle dans lequel le pouvoir se porte tour à tour de la base au sommet et du sommet à la base en se contractant lorsqu'il monte et s'élargissant lorsqu'il redescend. C'est l'image de ce mouvement vital qui, dans le corps humain, entretient la vie en ramenant sans cesse au cœur par les veines tout le sang qui en sort par les artères.

Les artères par lesquelles la souveraineté nationale s'éloigne de sa base et monte à son sommet sont les combinaisons électorales qui transportent plus ou moins brusquement le pouvoir législatif des mains de tous dans un nombre de mains de plus en plus limité; et les veines par lesquelles la souveraineté doit retourner à sa base, en recouvrant toute son ampleur, sont les combinaisons électorales qui font graduellement participer tous les citoyens au pouvoir exécutif et à l'administration des affaires sous l'empire de la loi.

2.

missaires dans chaque division administrative de la
République, c'est-à-dire dans chacun des départements,
et sans doute aussi par des sous-commissaires dans
chaque arrondissement communal.

La mission de ces fonctionnaires sera de veiller, au
nom du gouvernement de la République, à la stricte
observation des lois dans chaque circonscription qui
leur sera assignée.

12. Ils seront nommés par l'Assemblée législative, *si
elle le croit prudent*, ou, ce qui me semble juste, par le
conseil des ministres, qui devra, dans tous les cas,
avoir le droit de révoquer ces fonctionnaires, puisqu'i's
sont les mandataires du pouvoir exécutif et ses agents
responsables.

13. Ces commissaires de la République, assistés de
leurs sous-commissaires, étant chargés de représenter
l'intérêt général de la nation dans chaque chef-lieu, il
convient de leur opposer les mandataires chargés de représenter les intérêts privés de chaque communauté.

En conséquence les électeurs nommeront un administrateur particulier dans chaque circonscription formant les ci-devant sous-préfectures. L'administrateur,
assisté d'un conseil d'administration qu'il présidera, et
dont les membres seront également nommés par les électeurs, dirigera les affaires de l'arrondissement sous le
contrôle du sous-commissaire de la République dont il
recevra les ordres, mais seulement pour les affaires qui
pourront regarder l'administration centrale siégeant à
Paris.

14. S'il est nécessaire de nommer un administrateur
général du département, pour l'adjoindre au commis-

saire de la République comme mandataire des intérêts particuliers du département, il sera procédé à sa nomination par la voie de l'élection (11).

15. Dans chaque canton les électeurs nommeront un maire et son adjoint, ainsi que les membres de son conseil municipal.

Ce conseil, présidé par le maire, assisté de son adjoint, administrera les affaires du canton, sous le contrôle de l'administrateur de l'arrondissement pour toutes affaires concernant les intérêts généraux de l'arrondissement, et sous le contrôle du sous-commissaire ou du commissaire de la République pour toutes affaires du ressort de l'administration supérieure de l'État (12).

16. Chaque commune élira également un supérieur ou chef de communauté, qui administrera, avec un conseil élu par les mêmes électeurs, les affaires de la commune, sous le contrôle du maire et des autres autorités supérieures pour toutes affaires qui ne concerneront pas uniquement les intérêts particuliers de la commune (13).

---

(11) Lorsque chaque arrondissement a déjà son commissaire du gouvernement, représentant les intérêts généraux de la République, et son administrateur particulier, représentant les intérêts de la localité, ne devient-il pas superflu d'avoir en outre un commissaire général et un administrateur général du département? N'est-ce pas multiplier sans nécessité les fonctionnaires?

(12) J'imagine qu'il est superflu de préposer auprès du maire un délégué du commissaire du département, puisque chaque arrondissement a déjà un commissaire ou sous-commissaire, dont la surveillance s'étendra facilement sur tous les cantons et sur toutes les communes de l'arrondissement.

(13) De cette manière, les intérêts particuliers de chaque communauté sont protégés par un mandataire spécial qui administre avec un conseil, dont l'adjonction rend impossible l'abus du pouvoir entre les mains d'un seul homme. — Partout prévaut le système républicain,

DES ARBITRAGES ET DES APPELS.

17. Pour constituer le pouvoir exécutif et administratif, nous avons créé un conseil de ministres avec son président, chargé de veiller aux intérêts généraux de la République et de faire observer les lois dans toute l'étendue du pays.

De plus des commissaires, mandataires du pouvoir exécutif, représentent dans chaque circonscription administrative l'intérêt général de la République, et chaque intérêt particulier a également son représentant pour défendre ses droits contre les empiétements du pouvoir.

avec ses électeurs et ses délégués chargés de veiller aux intérêts de tous. Partout donc le gouvernement de tous par tous, sans que l'autorité d'un seul puisse jamais prévaloir sur la volonté de tous.

L'individu isolé gère ses affaires particulières comme il l'entend, en se conformant aux lois. Les familles jouissent du même privilége, qui s'étend aux communes composées de plusieurs familles, aux cantons formés par l'agrégation de plusieurs communes, aux arrondissements qui comprennent divers cantons, et enfin aux départements composés de plusieurs arrondissements, et dont l'ensemble constitue la République française.

Ce système pourrait s'étendre à tous les peuples de l'univers, et en former une seule nation ayant un intérêt commun et des intérêts particuliers, placés, sans privilége pour aucun, sous la sauvegarde de tous et de chacun, sans qu'aucune fraction de cette grande famille pût se plaindre d'être soumis à une dépendance qui ne pèserait pas sur tous d'une manière uniforme, et qui n'aurait pas été imposée à chacun par la nation tout entière.

Cette combinaison pourrait justement s'appeler la République des républiques, et je prouverai sans peine, au besoin, qu'en dehors de cette combinaison il est impossible de réaliser *avec vérité* le gouvernement de *tous par tous*, surtout dans un État aussi étendu que la France.

18. Mais en raison de l'esprit despotique de l'homme, comme aussi en raison de son égoïsme, ces deux intérêts toujours aux prises seront exposés à de fréquentes contestations lorsque la loi ne sera pas suffisamment explicite. Il devient donc nécessaire d'instituer un arbitre juge pour décider les questions de droit qui s'élèveront entre les parties.

Cet arbitre juge sera le tribunal civil dont ressortira la localité ; mais, pour diminuer la fréquence des procès, une amende, variant suivant les cas, sera infligée à l'administré qui aura intenté ou soutenu un procès sans motif bien plausible contre l'autorité dont il dépendra (14).

19. Aucun sous-commissaire ne pourra intenter un procès sans l'autorisation écrite du commissaire du département, et, dans les cas d'une certaine gravité, celui-ci ne devra donner cette autorisation qu'après en avoir référé à l'autorité centrale à Paris.

20. Aucun chef de commune et aucun maire ne pourront soutenir un procès contre les mandataires de la République, sans avoir l'autorisation de l'administration supérieure ; c'est-à-dire que le chef de la commune en référera au maire du canton, ou le maire du canton

(14) Il est bon, en effet, d'empêcher que le mauvais vouloir de quelques individus, même chargés de représenter les intérêts d'une communauté quelconque, puisse à tout propos entraver la marche de l'administration en résistant aux ordonnances des autorités. — Lorsque la décision du tribunal n'aura pas été rendue à l'unanimité, c'est que le cas était effectivement douteux, et le défendeur plaidant contre l'autorité ne devra pas être soumis à l'amende ; mais alors l'interprétation donnée à la loi devra recevoir une publicité générale, afin que la même contestation ne puisse plus se renouveler sans entraîner l'amende.

à l'administrateur de l'arrondissement, ou celui-ci à l'administrateur général du département, ou l'administrateur général au comité de censure nationale dont il sera parlé tout à l'heure. Chaque administrateur ou chaque maire, sollicité à donner sa sanction à une instance contre un mandataire du pouvoir exécutif, doit s'éclairer de l'avis de son conseil et n'accorder cette sanction qu'à une majorité représentant au moins les trois quarts des voix du conseil, la sienne comprise (15).

21. Les jugements rendus par le tribunal civil en faveur de l'autorité seront exécutifs nonobstant recours en cour d'appel.

22. En cas de résistance *à la loi*, le délégué de la République requerra le maire, ou le commandant de la garde nationale, de lui faire prêter main-forte, et au besoin il pourra s'adresser aux autorités militaires.

DU CONSEIL D'ÉTAT DE LA RÉPUBLIQUE.

22. Il sera créé un conseil d'État permanent dont les membres seront élus par l'Assemblée nationale et choisis dans les diverses classes de la société, mais surtout parmi les hommes les plus versés dans les lois et jouissant d'une haute réputation d'intégrité et de sagesse. Les

---

(15) De cette manière, les contestations entre les administrés et les administrateurs, ou les mandataires du pouvoir, devront être plus rares, et cependant les intérêts particuliers seront, je crois, suffisamment à l'abri de toute vexation des autorités. Au surplus, l'expérience apprendra quelles modifications il sera utile d'apporter aux dispositions législatives qui seront prises pour assurer la plus grande régularité dans le service de la chose publique et pour en diminuer les entraves.

hommes habitués au maniement des affaires politiques et connus d'ailleurs par leur honorable caractère et par leur patriotisme devront également être nommés, de préférence, au conseil d'État (16).

23. Ce conseil pourra être appelé à donner son avis sur les projets de loi et d'ordonnance qui lui seront soumis par les ministres, et remplira en général les fonctions qui lui sont assignées par l'article 12 de la loi du 19 juillet 1845. Mais il sera, en outre, appelé à donner

(16) La chambre trouvera sans doute convenable de réduire le nombre des membres du conseil d'État, qui, sous la royauté constitutionnelle, avait atteint un chiffre dont l'élévation ne paraît pas en rapport avec les besoins de cette institution.

Il me semble que le conseil d'État devrait être l'école où se formeraient nos futurs ministres, en s'y préparant, comme membres du conseil, à la triture des affaires. Les hommes d'État ne s'improvisent pas, et il est souverainement absurde qu'un homme soit appelé au pouvoir sans avoir fait préalablement les études qui peuvent le mettre à même de remplir dignement les fonctions qui lui sont confiées.

Le conseil d'État devrait donc être composé d'hommes éminents et distingués par leurs connaissances, les uns dans les lois et le barreau, les autres dans les finances, dans l'économie sociale et politique; ceux-ci dans la marine, ceux-là dans l'art de la guerre, etc. En un mot, le conseil d'État devrait renfermer dans son sein des hommes pratiques ou versés dans les différentes branches de l'industrie, des sciences et des arts, dont la connaissance forme une des conditions fondamentales d'un bon cabinet.

Au nombre des conseillers d'État, seront admis quelques ouvriers que leur bonne conduite, leur intelligence et leurs connaissances pratiques rendront dignes de figurer au rang de conseillers de la nation, et dont les avis ne manqueront pas d'être de la plus grande importance pour la solution de toutes les questions relatives au travail et à l'industrie.

Un conseil d'État ainsi composé deviendrait avec le temps une pépinière de bons ministres, et nous ne serions plus réduits à la nécessité de mettre au timon des affaires publiques des hommes de capacités douteuses ou inconnues.

sa sanction aux ordonnances provisoires qui seront proposées par le conseil des ministres en l'absence de la chambre , suivant ce qui sera statué à l'article 26 du présent projet.

24. Le conseil d'État de la République sera présidé par un de ses membres, élu par le conseil.

Le conseil d'État sera indépendant du conseil des ministres. Aucun ministre n'en pourra faire partie. Ses membres ne pourront être révoqués que par la chambre législative.

DU CONSEIL DES MINISTRES.

25. Tous les ministres, y compris le président de la République, sont solidairement responsables de leurs actes.

Tous devront se conformer rigoureusement aux lois et décrets votés par l'Assemblée nationale.

26. Les lois et décrets votés par l'Assemblée seront promulgués au nom de la République, signés par le président et contre-signés par le ministre au département des affaires que la loi concernera.

27. Les simples ordonnances rendues pour appuyer l'exécution des lois et décrets de l'Assemblée constituante pourront émaner de la seule autorité du conseil des ministres. Mais pour toutes autres ordonnances que des cas imprévus rendraient nécessaires, en l'absence des chambres, le conseil des ministres devra consulter le conseil d'État, qui donnera son avis tant sur l'opportunité de l'ordonnance que sur ses dispositions et sur son urgence.

28. Si l'opinion de la majorité du conseil d'État approuve le projet d'ordonnance ministérielle, le président de la République pourra faire promulguer ladite ordonnance en la faisant précéder du procès-verbal approbatif du conseil d'État.

29. Si la majorité du conseil d'État se prononce contre l'ordonnance projetée, le ministère devra ou renoncer à son ordonnance ou en référer au comité de censure nationale dont il va être parlé.

Si ce comité approuve le projet, le ministère pourra rendre son ordonnance sous sa responsabilité, mais à charge à lui de s'en justifier vis-à-vis de l'assemblée à la première session (17).

30. Les ordonnances ministérielles seront provisoires jusqu'au moment où elles auront été sanctionnées par l'assemblée législative.

DU COMITÉ DE CENSURE NATIONALE.

31. Il sera créé un comité de censure nationale, chargé par la République de surveiller les actes du gouvernement avec mission de faire des remontrances au président de la République, lorsqu'il paraîtra au comité de censure qu'il a été enfreint aux lois du pays, ou que leur esprit a été faussé par quelque ordonnance ministérielle.

32. La remontrance sera premièrement faite sans pu-

(17) Le ministère suivra la même marche pour les traités qu'il sera dans le cas de conclure avec les puissances étrangères, sans avoir pu attendre la session de l'Assemblée législative. — L'Assemblée constituante décidera si le président de la République doit être investi du pouvoir de signer un traité *définitif* sans la sanction de la chambre.

Lorsque le conseil d'État et le comité de censure auront repoussé une ordonnance ou un traité, le ministère ne pourra les mettre en vigueur.

blicité au président de la République, par une note secrète, rédigée sous forme d'avertissement amical.

S'il n'en est pas tenu compte, ou s'il n'est pas donné
d'explications satisfaisantes, la remontrance sera si-
gnifiée par l'huissier du comité de censure, et insérée,
avec ses motifs, au *Moniteur*. Si, malgré ce nouvel avertissement, le ministère persiste dans la même voie, le
comité en dressera acte et portera plainte contre le ministère à la première session.

33. L'Assemblée nationale saisie de la plainte statuera
suivant la gravité des cas, en infligeant un blâme ou en
révoquant les pouvoirs donnés à tel ou tel ministre, ou
à tout le cabinet.

34. Le comité de censure aura l'œil sur tous les
abus qui pourront se glisser dans l'administration, de
quelque part qu'ils viendront, et il cherchera à les faire
redresser par la voie des remontrances.

Lorsque ses remontrances seront vaines, il agira
comme il a été dit art. 31 (18). Il signalera également
à l'autorité supérieure, c'est-à-dire au président de la
République, les fonctionnaires incapables ou indignes
qui, par erreur ou par abus, auront été nommés aux
emplois publics. A cet effet le comité de censure nationale se mettra en rapport direct ou indirect avec les
commissaires, les administrateurs, maires et chefs de
commune qui veilleront mutuellement à ce que chacun
remplisse ses fonctions avec zèle et intégrité.

(18) Lorsque les plaintes dont l'Assemblée nationale sera saisie seront nombreuses, l'Assemblée nommera une commission prise dans son
sein pour examiner les rapports du comité, statuer sur les cas de peu
de gravité, et soumettre les autres à l'Assemblée après en avoir pré-
paré le rapport. Les fonctionnaires prévaricateurs pourront être appelés devant la chambre pour rendre compte de leur conduite.

35. Quiconque aura porté plainte sans fondement contre un fonctionnaire public, ou quiconque aura fait un faux rapport, devra être puni d'une amende variant suivant la gravité du cas, sans préjudice des poursuites qui pourront être exercées contre le plaignant ou le rapporteur, par la partie lésée.

36. Le comité de censure nationale n'a d'ailleurs d'autre mission que celle d'une active surveillance, qu'il fait suivre au besoin de remontrances auprès des autorités compétentes. A chaque session, il fera son rapport à la chambre législative, et signalera les fonctionnaires prévaricateurs qui n'auraient pas été réprimandés ou punis comme il convenait, par les autorités sous la dépendance desquelles ils étaient placés (19).

DE LA MAGISTRATURE.

37. Les magistrats, inamovibles jusqu'au décret du gouvernement provisoire qui les a mis sous la dépendance du ministre de la justice, ne doivent être révocables que par l'Assemblée législative, ou, en son absence, avec la sanction des hauts pouvoirs de la République. Rien à mes yeux ne serait plus impolitique et plus dangereux que de laisser la magistrature sous la subordination d'un ministre, puisque les interprètes de la loi doivent être indépendants du pouvoir exécutif, dont ils peuvent être appelés à juger les actes dans la personne de ses mandataires.

(19) Le comité de censure nationale devrait avoir, ce me semble, dans chaque département ou même dans chaque arrondissement, un correspondant ou agent chargé de procéder à des enquêtes pour vérifier ou recevoir les plaintes qui seront portées contre les fonctionnaires; cependant toutes les plaintes appuyées de preuves pourraient être adressées directement au comité de censure à Paris.

38. Cependant l'inàmovibilité absolue est un principe qui a ses dangers et qui est inadmissible dans un gouvernement républicain, surtout s'il est constitué de manière à rendre impossible toute espèce d'injustice et d'abus, de quelque part qu'ils viennent. C'est pourquoi je crois utile d'assurer à la magistrature la haute considération dont elle doit jouir aux yeux de tous, en mettant ses membres à l'abri de toute révocation qui ne serait pas jugée indispensable par l'Assemblée nationale, et, en son absence, par les hauts pouvoirs de l'État.

39. Ainsi, lorsque le ministre de la justice croira de son devoir et de l'intérêt de la République de destituer un magistrat de ses fonctions, il devra d'abord en conférer avec ses collègues, et si le conseil des ministres partage son opinion, il soumettra l'ordonnance de révocation au conseil d'État. Si le conseil d'État approuve la destitution, il en sera donné avis au président du comité de censure nationale, qui, de son côté, invitera le magistrat prévenu à venir donner ou à fournir par écrit des explications sur les faits qui lui seront reprochés. Si enfin le comité de censure juge aussi que le magistrat s'est mis dans le cas d'être révoqué, le comité enverra l'acte de son adhésion au président de la République.

40. Ces trois formalités remplies, et la révocation étant toujours décidée, le ministre en donnera avis au magistrat inculpé, en l'invitant, par un dernier égard, à donner sa démission dans la huitaine pour s'éviter l'affront d'une révocation toujours regrettable, surtout quand elle frappe un membre de la justice. — Si la démission n'a pas été reçue, dans la huitaine, par le ministre de la justice, la destitution sera ordonnancée dans la forme habituelle. Seulement elle énoncera qu'elle est rendue de l'avis du conseil d'État et du comité de censure.

41. Mais si la révocation du magistrat n'est pas approuvée et par le conseil d'État et par le comité de censure nationale, elle ne pourra être prononcée qu'avec la sanction préalable de l'Assemblée législative (20).

DE LA COUR DES COMPTES.

42. La cour des comptes continuera ses travaux comme par le passé, sauf les modifications qui pourront améliorer son organisation et rendre son utilité plus effective et plus positive.

43. Elle établira un bureau spécial, chargé de surveiller avec une vigilante activité les recettes et les dépenses du trésor. — Ce bureau s'assurera sans cesse du bon emploi des sommes affectées par l'Assemblée ou par ordonnance à tel ou tel service, afin qu'une somme votée ou ordonnancée pour faire face à une dépense quelconque ne puisse recevoir clandestinement une autre destination.

44. Il devra être rendu compte des deniers employés aux missions secrètes, afin que ces missions ne servent pas de prétextes aux gouvernants pour faire voyager leurs amis aux frais de l'État (21).

(20) En soumettant la révocation des magistrats à de pareilles formalités et à trois sanctions différentes, il me semble impossible qu'aucun d'eux puisse jamais être frappé d'une destitution injuste ; et, si la destitution est méritée, qui aurait droit de s'en plaindre ?

(21) Chaque citoyen, à son retour d'une mission secrète ou non, en dressera un rapport fait en double, dont une ampliation sera remise au

45. Tout détournement, ou emploi non autorisé ou non justifié, des deniers publics sera immédiatement signalé, par la cour des comptes, au comité de censure nationale, qui fera des remontrances s'il y a lieu, et qui dénoncera à l'Assemblée législative tous les abus dans les finances dont elle n'aura pu obtenir le redressement.

46. Les membres du bureau de la cour des comptes, chargés spécialement de surveiller les recettes et dépenses du trésor, devront être renouvelés, à la fin de chaque année, par tiers ou par quart, afin de rendre les subornations à peu près impossibles.

47. Les membres de la cour des comptes ne pourront être destitués que par l'Assemblée législative.

FONCTIONS DU PRÉSIDENT DE LA RÉPUBLIQUE.

48. Le président de la République française est le mandataire général et suprême de la nation.

Sa mission est de veiller avec une active et constante sollicitude aux intérêts de la France, tant au dedans qu'au dehors, et d'appeler l'attention de l'Assemblée nationale, à chaque session, sur toutes les réformes que les progrès de la civilisation ou les leçons de l'expérience rendront nécessaires.

49. Le président de la République veillera aussi à ce que les lois de la nation soient strictement exécutées dans toute l'étendue de la République, et à ce que l'honneur de la France soit respecté partout au dehors; il s'attachera à entretenir la bonne harmonie dans nos

---

ministre qui aura ordonné la mission, et l'autre ampliation au comité de censure nationale, qui examinera si la mission avait un but sérieux et utile, afin de faire des remontrances s'il y a lieu.

rapports avec les puissances étrangères. Il préparera, de concert avec les ministres de la nation, toutes les lois qu'il jugera convenable de proposer à la chambre, lors des sessions annuelles. Il recevra, au nom de la République, les ambassades et députations des États étrangers; il écoutera toutes les ouvertures de traités d'alliance ou de commerce pour les soumettre à l'Assemblée nationale, et se conformera d'ailleurs en tout point aux articles 24 à 29 du présent projet.

50. La nation se réserve l'initiative des déclarations de guerre qui pourront être faites par la France, (extrémité dont Dieu la préserve!) Mais si la guerre nous est déclarée par l'étranger, le président de la République, tout en faisant immédiatement prendre, par le ministre de la guerre, les dispositions convenables pour la protection du territoire et des intérêts français, convoquera extraordinairement l'Assemblée législative, afin que la nation manifeste, par ses représentants, sa volonté sur la direction qui devra être donnée aux affaires et qu'elle vote des fonds nécessaires aux dépenses de la guerre.

51. Lorsque les circonstances permettront de traiter honorablement de la paix, le président pourra signer définitivement le traité après avoir obtenu la sanction du conseil d'État et du comité de censure nationale.

Cependant le président devra, lorsque cela sera possible, ne signer qu'en se réservant l'approbation de l'Assemblée nationale, qui sera extraordinairement convoquée à cette occasion, lorsque l'époque de la session sera encore éloignée.

52. Le président de République peut, en l'absence

de la chambre législative, *accepter* la démission d'un ministre; mais aucun ministre ne peut, sous peine de manquer à ses devoirs et d'être mis en accusation pour ce fait, obliger le président à recevoir sa démission, si le président juge convenable aux intérêts de l'État de maintenir ce ministre dans ses fonctions jusqu'à la première réunion de l'Assemblée nationale, qui recevra alors la démission, en remplaçant immédiatement le ministre démissionnaire.

53. Le président ne pourra révoquer un ministre qu'autant que cette révocation sera demandée par la majorité du cabinet, non compris la voix du ministre. Si cependant la division du cabinet mettait en péril les intérêts de l'État, et que les divers membres du cabinet ne pussent s'entendre sur la retraite des ministres en désaccord avec l'opinion du président, celui-ci en référera au conseil d'État et pourra, avec la sanction de la majorité des conseillers, révoquer les ministres opposants.

54. Les ministres révoqués seront *provisoirement* remplacés par des conseillers d'État, choisis par le président pour prendre, par intérim, les portefeuilles des ministres dont la démission aura été exigée.

55. Pendant l'intérim, les conseillers ministres provisoires ne siégeront pas au conseil d'État.

56. A la première session, l'Assemblée législative confirmera, s'il lui plaît, les nominations du président, ou les infirmera par de nouvelles nominations définitives.

57. La durée des fonctions du président de la République sera de cinq années, après lesquelles il sera réélu ou remplacé"par un nouveau président nommé par l'Assemblée législative (22).

NOMINATIONS AUX FONCTIONS ET EMPLOIS DE LA RÉPUBLIQUE.

58. Toutes les nominations aux fonctions et emplois auprès du gouvernement devront être faites par élection, ou seront soumises à des conditions de concours public ou d'examen, ou enfin accordées à l'ancienneté des services, suivant la nature des places vacantes.

59. Seront, je pense, exceptées les nominations des commissaires et sous-commissaires chargés de représenter dans les départements les membres du pouvoir exécutif, puisque ces commissaires et sous-commissaires sont les mandataires du ministère, qui doit être responsable de leurs actes.

60. Seront aussi exceptées les nominations qui, par leur nature, devront être nécessairement du ressort des ministres, ce dont ils devront justifier par des considérants qui précéderont l'insertion des nominations au *Moniteur*.

61. Il est interdit à tout ministre ou fonctionnaire public de nommer, *de sa simple autorité*, aucun de ses parents ou alliés, à quelque poste ou emploi public que ce soit, sans avoir obtenu l'approbation préalable du comité de censure nationale. Cette approbation ne sera donnée qu'autant que le postulant fera valoir des titres suffisants à la place vacante.

(22) Il pourrait être arrêté d'avance que le député qui aurait obtenu le plus de voix aux élections générales serait de droit président de la République.

62. Toutes les autres nominations faites par un ministre, en vertu de sa simple autorité, devront être révoquées par le président de la République, lorsque le comité de censure nationale lui aura fait des remontrances en prouvant, par des pièces à l'appui, que le ministre s'est trompé dans son choix, et que le sujet nommé est incapable ou indigne de remplir les fonctions dont il se trouve investi.

63. Toute nomination réservée par la loi à l'élection ou au droit d'ancienneté ou à des conditions de concours, et qui aura été accordée à la faveur, en violation de l'article 58, sera annulée sur les remontrances du comité de censure nationale.

64. Toutes les sinécures seront supprimées, ainsi que devront l'être les emplois dont l'utilité ne sera pas démontrée.

65. Tout cumul de places est interdit.

66. Toutes les nominations aux postes, fonctions, places et emplois publics seront insérées au *Moniteur*.

DES RÉVOCATIONS ET DESTITUTIONS.

67. En général, toutes les révocations seront *motivées* et consignées au *Moniteur*.

Toute révocation qui serait le résultat de la malveillance d'un fonctionnaire vis-à-vis de son subordonné, et qui ne serait pas motivée par des raisons fondées et équitables, pourra être annulée par une autorité supérieure, sur les remontrances qui seraient faites par le comité de censure nationale (23).

(23) Un fonctionnaire qui remplit son devoir ne doit pas être exposé à une brutale destitution, parce qu'il a pu encourir le déplaisir de son supérieur en accomplissant son mandat.

68. Les administrateurs, maires et chefs de commune révoqués de leurs fonctions pourront en appeler au conseil d'État et provoquer des remontrances du comité de censure nationale.

DES REPRÉSENTANTS DE LA NATION ET DE L'ASSEMBLÉE LÉGISLATIVE.

69. Tout citoyen doit avoir atteint sa vingt-sixième année pour être éligible et devenir représentant de la nation.

70. Tout représentant de la nation doit être rétribué aux frais du trésor public.

71. Les sommes qui seront abandonnées par les députés aisés seront versées dans la caisse des travailleurs.

72. Tout député membre de l'Assemblée législative est inviolable pendant tout le cours de la session.

73. Aucun député ne peut être fonctionnaire public; le pouvoir législatif ne pouvant et ne devant jamais être confondu, dans une seule et même personne, avec le pouvoir exécutif.

74. L'Assemblée nationale se réunira tous les ans, à une époque qui sera déterminée à l'avance, soit une fois pour toutes, soit à la fin de chaque session.

75. L'Assemblée nationale devra toujours avoir à sa disposition une force suffisante pour être à l'abri de tout attentat du dehors et pour faire évacuer la salle si elle était troublée par des perturbateurs.

76. Toutes les lois rendues, toutes les décisions prises par l'Assemblée nationale sous l'empire de la violence sont d'avance déclarées nulles et non avenues.

77. S'il éclatait pendant une session des troubles assez graves pour ôter à l'Assemblée nationale l'indépendance dont elle doit toujours jouir pour être l'expression sincère de la volonté nationale, les séances seront suspendues jusqu'au rétablissement de la tranquillité.

78. Les représentants de la nation seront élus pour cinq années.

79. L'Assemblée législative pourra être convoquée extraordinairement, dans des circonstances urgentes, par un décret du président de la République sanctionné par le conseil d'État.

80. En cas de révolte du pouvoir exécutif contre la souveraineté nationale, l'Assemblée nationale pourra être convoquée par le président du comité de censure nationale, ou, s'il en est empêché, par le président de l'Assemblée, ou enfin par le président du conseil d'État.

81. Si, par suite de quelque grand attentat politique, le président de la République et le ministère viennent à manquer de la puissance ou de la volonté de faire respecter la souveraineté nationale, le président du comité de censure, assisté de son conseil et du conseil d'État s'il est possible, nommera immédiatement un ministère provisoire, en attendant la réunion de la chambre, qui sera sur-le-champ convoquée à bref délai. Pendant cette absence du président de la République, le comité de censure nationale en remplira les fonctions par intérim, et son président signera les actes publics jusqu'à ce que l'Assemblée ait pu élire un nouveau président de la République et un nouveau ministère.

DE LA GARDE NATIONALE.

82. Tout Français âgé de vingt et un ans est tenu, jusqu'à l'âge de cinquante-cinq ans, de faire son service de garde national, sous les peines portées par la loi.

83. Les gardes nationales de France éliront tous leurs officiers *sans exception*. Les officiers qui ne devront pas leur grade à l'élection donneront leur démission, et il sera immédiatement procédé à leur remplacement.

84. Les gardes nationales ne pourront être convoquées que par les commandants supérieurs ou par les maires, soit de leur propre mouvement en cas d'urgence, soit sur la demande du président de la République, ou sur celle des commissaires dans les départements.

85. Les officiers supérieurs de la garde nationale qui auront trahi leurs devoirs envers la République seront mis en accusation devant la chambre par le comité de censure nationale. Ils pourront être provisoirement suspendus de leurs fonctions, sur une ordonnance du président de la République, rendue de l'avis du conseil d'État et du comité de censure.

www.ingramcontent.com/pod-product-compliance
Lightning Source LLC
Chambersburg PA
CBHW061114050726
47594CB00005B/1936